만나러 가는 길

김초혜 시집

서정시학 시인선 191

서정시학

시인은 세상의 모든 울음을
우는 사람이다
　　　　— 「만나러 가는 길」에서

서정시학 시인선 191

만나러 가는 길

김초혜 시집

서정시학

시인의 말

내게서 나와서 남과 공명하는 것,
그 황홀한 교감이 시를 쓰게 한다.
시를 묶어 시집을 낸다는 것은
시가 던진 화두가 읽는 이의 마음에
꽃을 피우기를 바라서이다.
습관처럼 시집을 낼 때마다 주저된다.

2022년 3월에
김초혜

차례

시인의 말 | 5

1부

빛 속에 | 15
시인의 길 | 16
거룻배를 타고 | 17
신성한 두려움 | 18
만나러 가는 길 | 19
더부살이 | 20
마음 | 21
부부 | 22
배움 | 23
오대산 월정사에서 | 24
너는 미래다 | 25
달밤 | 26
원인 | 27
어른 1 | 28
어른 2 | 29
그대에게 | 30
사람멀미 | 32

가을 뜻 | 33
순리대로 | 34
밤길 | 35
비정규직 노동자 | 36
판검사 나으리 | 37
전관예우 | 38
고요 | 39

2부

편지 | 43
성품 | 44
하느님, 정말입니다 | 45
자식 | 46
어깨 | 47
요양원 앞 식당 소묘 | 48

그대 | 49
배은망덕 | 50
인생 | 51
얼씨구절씨구 | 52
욕망의 끝 | 53
세상살이 | 54
자식 사랑 | 55
맏손자에게 | 56
둘째 손자에게 | 57
귀신을 울리고 싶소 | 58
역지사지는 없다 | 59
사랑 | 60
세월 | 61
그렇습니다 | 62
잠꼬대 | 63
이 길밖에 | 64
언 가슴 | 65

3부

여보게 | 69

빛 속에 사라지는 어둠 | 70

아픈 동생에게 | 71

욕심 | 72

그대와 나 | 73

그러면 됩니다 | 74

서로 무심해도 | 75

탄식 | 76

먼 빛 | 77

거울 | 78

네 것이 내 것 | 79

본성 | 80

착각 | 81

시선집 | 82

집 | 83

교육 | 84

마음먹기 | 85

그리움 | 86
어머니 말씀 | 87
지난 모든 길 | 88
꽃말 | 89
바람벽 | 90
오늘 | 91

4부

0.001초 | 95
먹이사슬 | 96
겁怯 | 97
성형왕국 | 98
기도 | 99
행복과 불행 | 100
피장파장 | 101

돈 | 102
사람이 되어야 | 103
부재의 이치 | 104
욕심의 끝 | 105
강릉여행 길에 | 106
장수의 비극 | 107
고독 | 108
행복 | 109
다행 | 110
자본주의 | 111
장수 욕심 | 112
푼수데기 거북이 | 113
불변 | 114
보수와 진보 | 115
성공 | 116
분수 | 117
단상 | 시에 대한 몇 가지 이야기 | 김초혜 | 118

1부

빛 속에

마음이 편안해지는
길을 택하면
빛이 출렁여
기쁨에 넘치고
낮에도 밤에도
고요와 놀게 된다

시인의 길

굶주리면서도
배가 부른
이 길은
길 없는 길이
길이 되는
배부른 길입니다

거룻배를 타고

우리는 영원을 항해하고 싶어 한다
항구에 닿지 않으려
먼 항해를 꿈꾼다

언젠가는 기슭에서
노를 거두어야 되겠지만
세월이 흘러도
아직은 아니라고 우긴다

신성한 두려움

시인이 성직자를 두려워하는
까닭을 아시는지요
성직자의 깨달음에
시인의 깨달음이
미치지 못하기 때문이지요
시는 이치로
쓰는 것이 아니라
깨달음으로 쓰이니까
어설픈 깨달음을 들켜버릴까
성직자를 두려워하는 것이지요

만나러 가는 길

시인은 세상의 모든 울음을
우는 사람이다
억울하게 누명 쓴 이의
억울함도 울고
병들어 아픈 사람의
아픔도 울고
자식 잃은 에미의
울음도 울고
사별의 아픔을 겪는 이의
그리움도 운다
심지어 죄를 짓고
도망 다니는 죄인의
고통도 운다
시인은 우는 사람이다
울음의 기록이 시다

더부살이

사는 동안
내 품에 있는
꽃을 보지 못하고
남의 꽃만 바라보며
더부살이하느라
헛헛하기만 했소

마음

너는 네 속에
감추었고
나는 내 속에
숨어 있다
그래서 헛바퀴만
도는 것이다

부부

목련나무와 목련꽃
달과 달빛
해와 햇빛
하나도 아니고
둘도 아닌

배움

남을 가르치려 마라
네가 너만
가르칠 수 있으면
그것이 가르침이다

오대산 월정사에서

앞산 뒷산에 단풍이 들고
진부역 막차는
그리움만 내려놓고
떠나갔지만
가을은 멈춰 서서
그대를 기다립니다

너는 미래다

바다는 한 방울의 물의
가치를 모를 것이다
그러나
그 한 방울이
바다보다 클 수 있다
너는 항시
그 한 방울의 물이다

달밤

숲속의 새들이
날갯짓이 심하다
달이 밝아
잠 못 드는 모양이다

원인

오대산 세심헌에 들면
고요함에 비해
머릿속이 시끄럽다
소음을 피해 왔는데
더 큰 소음에 괴롭다니
장소가 아니라
원인은 바로 나였구나

어른 1

어르신, 하면
짐짓 못 들은 체한다
나이만 먹었다고
어른이 아니다
내려놓을 걸 내려놓아야
어른이다

어른 2

이누이트 족이 사는
에스키모의 나라
100세 마을에 가보니
나이 많은 노인부터
마을을 보호할 수 있는 곳에
나앉아 얼어 죽고 있었다
한정된 양식이 바닥이 나기 시작하자
입 하나 줄이고
시체를 사냥 온 동물들을 나꿔채서
산 사람 양식으로 하라는
무언의 순교였다

그대에게

여보게, 쉴 곳이 있고 먹을 것이
있는데 더 무얼 바라겠소
앞산은 계절마다 아름다운 자태를 보여주고
찾아오는 이 반갑고 떠난 자리 섭섭해
그 마음의 울렁거림을
푸르고 맑은 하늘과 공유하며 지내니
어찌 행복하지 않겠소
젊은 날 삭혔던 인연
구태여 잊을 것은 무엇이며
더 구할 것은 무엇이겠소
밤새껏 계곡 물소리 세차게 들리고
아침에 울려 퍼지는 햇살을 바라보며
허둥지둥 살았던 지난날을 되돌아보니
그 또한 귀하고 즐겁던 추억이었소
자연의 순리를 지키며
책 읽고 글 쓰며 음악을 듣는 일
그보다 안녕한 삶을 바라지 않았으니
한평생 누구에게 허리 굽혀

구걸한 적 없고
그러나 어쩌겠소, 세월은 야속하게도
도도하던 허리를 굽게 했구료
춥고 어려웠던 젊은 날이 있었지만
그날의 밑거름이 오늘을 주었으니
가난했던 그 시절이
어찌 귀하고 소중하지 않겠소
또한 억지로 헛웃음 웃으며
마음 노역으로 괴로운 적이 없었으니
팔십이 되어도
마음은 청정하기만 하다오
억지로 애쓰지 않아도
신록의 봄이 오고
녹음의 여름이 오고
가을의 단풍과 겨울에 흰 눈이 내려 쌓이니
청아한 마음은 그대로라오
매일이 중요하지 않은 날이 없고
매순간이 고맙고 고맙기만 하구료

사람멀미

은둔하다시피 하는
삶이
더러 고적하지만
글을 읽고
글을 쓰면
금세 기쁨으로 바뀐다오

가을 뜻

아침에는 분홍빛을 띤
나뭇잎이
차 한 잔 마시고
나와보니
빨갛게 물이 들었소

순리대로

천천히 가라
그래야 빨리 간다
아무리 서둘러도
열매를 본 다음
꽃망울을 틔울 수는
없잖느냐

밤길

달이 아까부터 나만 따라와요

어둠에 걸려
아가가 넘어질까 봐
아가를 밝히는 거란다

달님이 할머닌가 봐요

비정규직 노동자

끼여 죽고
떨어져 죽고
빠져 죽고
깔려 죽고
눌려 죽고
불에 타 죽고
죽고 죽고 또 죽는다
매일매일 죽는다

배부른 사람만 빼놓고
다 죽는다

판검사 나으리

이 나으리들은
헌법은 폐기처분 하시고
큰도둑님에게는 잘 지나가시라고
길을 닦아 주시고
작은 도둑들에게는
길을 막고
주리를 튼다
그들의 무기는
칠색조인 법과 양심이란다

전관예우

팔 하나가 없는 사람을
팔이 둘이라고
변호한다
하나의 팔은
둘로 셋으로
멋대로 둔갑질이다

고요

눈이 내려
쌓여도
소리 없이
움이 트는
목련
내 안에
그 고요를
들여놓다

2부

편지

기러기가 멀리 우는 계절입니다
어찌해도 지나온 세월이
부끄러움뿐입니다
하늘을 보면 하늘에 부끄럽고
땅을 보면 땅에 부끄럽습니다
무심한 것 그 어느 것 하나
부끄럽지 않은 것이 없습니다

생각도 어설폈고 몸도 어설퍼서
슬픔에도 힘이 부쳤고
기쁨에도 힘이 부쳤습니다
무심한 삶을 바랬다는 것은
그 삶이 힘에 부쳤다는 것이겠지요
떠나오면 무심할 줄 알았는데
무심은 팔자에 없는 모양입니다
꽃피고 낙엽 지고 눈 내리는 세월이
얼마나 남았을까 생각하다가
그대 생각을 했습니다

성품

휘어지는 철이가 좋으냐
부러져버리는 영이가 좋으냐
나는 휘어지기도 하고
부러지기도 하는
순이가 좋아요

하느님, 정말입니다

하느님, 정말입니다
이번 일만
잘되게 해주시면
다음부터는 절대로
욕심을 부리지 않을려고요

자식

너에게 먹일 음식을
장만하러 시장에만 가도
배가 불렀다
음식을 만들며
냄새만 맡았는데도
과식한 것마냥
배가 터질 것 같았다
하물며 네 입에 밥 들어가면
어찌 에미 세상이
천국이 아니겠느냐

어깨

어머니의 어깨는
기대고 기대어도
포근한 어깨
아버지의 어깨는
기대면 안 된다고
가르치는 어깨

요양원 앞 식당 소묘

어머니와 아들은
제일 비싼 도가니탕을 시켰다
늙은 어머니는 연신
아들의 뚝배기에
도가니를 건져 넣는다
더 먹어라
어머니 드세요
얼핏 아들의 얼굴에
울음의 그늘이 스친다
차차 익숙해지실 거예요
조심해서 올라가거라
자주 오겠습니다
사랑과 불효의 무게가 같아서
서러운 어머니와 아들

그대

다가서면 다가설수록
멀리 더 멀리
물러나는 수평선

배은망덕

새끼곰을
정성들여 키웠더니
어미곰이 되자마자
주인을 먹잇감인 줄
알았다지요

인생

찾아다녔지만
찾지 못한
길 없이 가는
먼 길

얼씨구절씨구

제우스의 실수로 동물을 만들 때
깜박하고 뇌를 만들지 않아
영혼 없는 동물왕국이 되었다나
프로메테우스는 그런 제우스를 꾸중해
아무래도 영혼이 있는 놈을
하나쯤 만들라고 했다나
제우스가 곰 한 마리를 잡아다가
육신을 제대로 갖춰 만든 것이
사람이라는 동물이었다나
급히 만드는 바람에
영혼이 없는 놈, 있는 놈
뒤죽박죽이 되었겠지
아하 그래서 온천지에
영혼 없는 인간이 수두룩하구나

욕망의 끝

입에 문 고기에
만족하지 못해
오늘도 나는 끝없이
강물을 내려다보고 있다

세상살이

오동은 봉황새가 부럽고
봉황새는 오동이 부럽소
오동도 봉황새도
나름의 시름이 있을 테니
서로 맞바꿔봐도
어디 제 것만 하겠소
세상살이에서 두어 걸음
물러서면
어느새 그대는 꽃그늘이
부럽지 않을 것이오

자식 사랑

너를 사랑하는 에미의 마음이
너에게는 구속이었고
나의 보살핌은 너를 황폐하게 했구나
관심마저 간섭이라고
그건 집착일 뿐이라고 네가 말했을 때는
에미는 이미 늙어 있었다
어릴 적 손톱을 물어뜯지 말라고
인형을 쓰레기통에 버리라고
성화만 높았지
에미가 원인인 것을 미처 몰랐구나
그냥 바라만 보는 것이
자식을 잘 키우는 것이라고
네가 에미에게 가르치는구나

맏손자에게

세상은 살을 에는 바람이
사정없는 벼랑이다
네 스스로
열지 않으면
길은 열리지 않는다
닫혀 있는 길은
너를 밀어낼 것이고
열려 있는 길은
너를 끌어당길 것이다
네 뜻에 따라
닫혀 있을 수도
열릴 수도 있는 길이
너를 시험하고 있다

둘째 손자에게

뻥 뚫린 길은 없다
길은 막히게 되어 있고
강물은 끊어지게 되어 있다
젊음이란
막힌 길을 뚫어야 할
힘이 주어진 시기이다
구름을 네 팔로 걷어내
해가 나오게 해라

귀신을 울리고 싶소

내가 생각하는 나는
한평생이 헛헛했는데
남이 생각하는 나는
무엇 하나 부족함이 없다고 하니
나는 남이 생각하는
나로 살기로 했다오
그래도
욕심을 부려보자면
귀신도 울릴 수 있는
시 한 편 얻는 일이라오

역지사지는 없다

하이에나는
매년 그 성별을 바꾼다나
암컷이 수컷이 되기도 하고
수컷이 암컷이 되기도 한대나
그런다고
수컷일 때 암컷의 처지를
암컷일 때 수컷의 입장을
이해하는 것이 아니라니

사랑

자신을 버리면
멀리서도
천리가 지척인 듯
다가오고
자신을 귀히 여기면
지척이 천리인 듯
멀어져 간다

세월

봄이 온다
눈치도 없이
눈치도 보지 않고
오고 싶을 때 오고
가고 싶을 때 간다

그렇습니다

무엇이든 욕심대로 품으면
근심이 됩니다
사랑도
그렇습니다

잠꼬대

버린다
비운다
떠난다 하는 것은
못 버린다
못 비운다
못 떠난다라는 말이다

이 길밖에

이번 생에 한 잘못을
다음 생이 주어진다면
넘어설 수 있을 거라
생각하지도 마오
길이 있어도 길인 줄 몰랐으니
다시 그 길이 주어지면
뾰족한 수가 있을 것 같지만
그때와 똑같은 나를
밀어낼 수 없으니
처음부터 다시 시작해도
또 이 길밖에 없을 거요

언 가슴

산 가까이 달이 뜬다
내가 부르면
나무와 풀이 기척하며
함께 달을 본다
그대가 보인다

3부

여보게

여보게 젊은 친구
노인 보고 아무 일도 하지 말라는 것은
빨리 떠나라는 재촉과 같으오
보상받자는 일만 아니면
위험이 따르지 않는다면
웃음거리가 되지 않는다면
성공 따위 실패 따위에
관심을 두지 않는다면
나이 들었다고
어찌 할 일이 없겠소

빛 속에 사라지는 어둠

누가 그대를 험담하거든
그대는 험담보다
몇 배 더
그를 칭찬하시오
그의 험담쯤은
칭찬에 묻히지 않을
도리가 없다오

아픈 동생에게

네가 내 가슴에서
밤새 울었다
물소리가 울음으로
흘러들어
날이 샜구나

욕심

밥을 많이 먹었을 때보다
밥을 조금 먹었을 때가
편안하다
세상의 모든 이치가 이와 같아
많은 것보다는
적은 것에 마음을 두면
세상이 가벼울 것이다

그대와 나

바람이 불어서
나뭇가지가 흔들렸다
그건 바람과
나뭇가지와의
무아지경의 만남이다

그러면 됩니다

식구들의 의식주를 해결하고
집에 온 손님을 후히 대접하고
아픈 사람에게 위로금을 줄 수 있고
돈을 빌리러 온 사람을
낯 뜨겁지 않게 해서 보내고
경조사에 기쁨과 슬픔을 표시할 만큼
꼭 그만큼만

서로 무심해도

내가 그대를 생각하면
그대도 나를 생각할 것이오
내가 동백을 보면
그대도 동백을 볼 것이오
그대가 무심하고
내가 무심해도
무심하게 산수유는
피고 또 진다오

탄식

어제까지도
가슴이 따뜻했던 그대를
불에 넣고도
배가 고프다니
살아 있는 것이
모욕이구나

먼 빛

처음에 만났을 때 그대는
더없이 무덤덤해 보였소
만날수록 살가운 정을 가진
참사람이었지요
시도 사람과 같아서 처음에 읽을 때는
쉽고 평이해 보이지만
읽을수록 깊은 뜻을 품은 시가
오래가지요
그대의 마음속에 있는 마음을
내가 읽을 수 있듯이
시도 겉뜻에 있지 않고
속뜻에 있는 것이지요
덤덤하나 드러내지 않는
그 속뜻을 읽는 것이
사람이나 시나 같지요

거울

돌을 갈고 갈면
거울이 되듯
추위를 견디고
또 견디면
그대의 눈이
거울이 될 것이오

네 것이 내 것

두말하는 입은
너에게만 있는 줄 알았더니
나에게는 더 많이 있었구나

본성

오동나무 곁에 살아도
가락을 잃을 수 있지요
매화 한 그루
들였다 해서
향기를 팔지 않았다고
말할 수 없지요

착각

그대를 가장 잘 아는 사람은
그대라는 착각 속에 살고 있지만
그대를 가장 모르는 사람은
바로 그대가 아닐까요
그러니 어찌 남을 안다고 하겠소
그대가 그대를 알 수 있을 때
그대는 남도 알 수 있을 것이오

시선집

풀 아닌 것이 없고
꽃 아닌 것이 없다
눈 감으면 꽃으로 보이고
눈 뜨면 풀이다
온종일 풀과 꽃을 가늠하다가
낯만 뜨겁게 달아올랐다

집

마음을 연다는 것은
자신을 내어주는 일
다른 이를 내 안에서
머물 수 있게
집을 짓는 일

교육

물고기가
바다를 향해
가는 것은
누가 가르쳐준 것이
아니다

마음먹기

짐 진 자가
짐 지지 않은 자를
부러워하면
불행이지만
짐 못 지는 그를
딱하게 여기면
행복이지요

그리움

달을 안고 누워
달빛을
그대에게 보낸다

어머니 말씀

탈속하라는 어머니 말씀은
세상의 마음을 다스리라는
뜻이었지요
탈속하자면서 세속을 잊지 못하고
세속에 발을 걸자면
탈속이 잡아당깁니다
심지어 의복을 선택할 때도
사람을 사귀는 일에도
탈속하라는 말씀을 자주 하셨지요
그 탈속의 의미를
평생 되새김합니다

지난 모든 길

내게 있는 것을
사랑하는 것이
제일 쉬운 줄 알았다
지난 일 돌아보니
그 쉬운 것들이
가장 어려웠다는 것을
깨닫게 되었다

꽃말

꽃잎마다
네가 보낸
편지다

바람벽

마음을 고요케 했다니
어림이나 있나요
마음을 묶은 채로
고요인 줄 알았지요
오면 가면 하면서
칠십 년 제자리걸음
속임수라고 생각도 못했지요

오늘

어제와 똑같은 정원인데
새삼스레 아름다움에 취한다
다른 일 생각할 것 없다
오늘을 잘 어루면
오늘은 손님처럼
또 와줄 것이다

4부

0.001초

일생을 가름하는
눈부신 인생이
0.001초 안에
이루어질 수 있다

먹이사슬

토끼는 평화로이 풀을 뜯는데
개는 토끼를
개 뒤에는 여우가
여우 뒤에는 늑대가
늑대 뒤에서는 호랑이가
또다시 누군가는
호랑이를 잡으려 하고

겁怯

죽음 직전의 상태까지 몰고 가는
이 겁은
내 삶의 한순간을 무너뜨린다
근원이 원인인가
집착에 달라붙은 역심인가
속박을 끊으려 하지만
올무는 점점 조여
숨을 막는다
환한 대낮에도
도깨비가 둔갑을 하는
그 마음은
겁이란 놈인가

성형왕국

검은 개 목욕시켜도
검은 개고
갈색 돌 물에 씻어도
갈색 돌이고
흙이 물에 젖어도 흙이다
추녀가 미녀로
늙은이가 젊은이로
탈바꿈된다고
꿈꾸는 것은
제 뜻이다

기도

노력하지 않고
빌고 빌면
기도는
기도를 잡아먹는다

행복과 불행

지난날의 행복은
오늘을
불행하게 하고
지난날의 불행은
오늘을 행복하게 한다

피장파장

오른손에
들려 있는 것과
왼손에
들려 있는 것이
서로 달라도
오른손과 왼손은
모두 내 것입니다

돈

다리도 되고
섬도 되는
요물 중에 요물단지

사람이 되어야

개에게 불경을 읽어주었자
고양이에게 성경을 읽어주었자

많이 배웠자
사람이 그러면 못쓰지

부재의 이치

오랜만에 붓을 쥐니
종이도 오만해지고
붓도 거만을 떨고
먹물도 시큰둥 제멋대로고
어느 것 하나
오만방자하지 않은 것이 없구료
자주 만나서
달래주고 보듬어주면
좀 상냥해지겠지요

욕심의 끝

아마추어가
히말라야 산맥을
알피니스트와 함께
기쁜 마음으로 올랐다
그는 내려오지
못했다

강릉여행 길에

이렇게 짧은 여행에서도
인생을 보네
눈보라 치다가
눈이 오다가
해가 나오다가
비가 오다가

* 친구 이민자의 읊조림.

장수의 비극

이제 내 손으로
아무것도 할 수 없는 날이
오고 있을 것이다
사랑할 힘도 미워할 힘도
모두 삭아서
텅 빈 눈으로
하늘만 바라볼 것이다

고독

고독에 잡히면
고독은 지옥이고
고독과 친구하면
고독은 천국이다

행복

아침 해
몸통을 비집고 들어와
내 마음을 간지르네
햇빛 그 귀함에
새삼 취하네

다행

아침 해가 마중하고
저녁 노을이 배웅하는
이 숲에서
나는 어린애가 된다

자본주의

나는 배가 불러도
너희들의 식량을
빼앗고 또 빼앗는다
배가 터져 죽을 때까지
먹고 죽으려 한다

장수 욕심

더 오래 살고 싶어서
하루에 네 끼씩 먹었더니
위장에 탈이 나서
밥을 못 먹게 되었단다

푼수데기 거북이

하늘을 날고 싶어 합니다
기는 거나
잘하면 됩니다
다른 욕심부리면
다 잃고 맙니다

불변

아무리 용한
점쟁이도
쓴 맛을 단 맛으로
바꾸지 못한다

보수와 진보

사용하는
사람에게 달려 있다
자기만
좋자고 하면
몰락이다

성공

목숨을
걸지 않은 일에
성과를 바라지 마라
목숨을 걸어야
목숨을 구한다

분수

긴 다리가 부러워
짧은 다리를
잡아당겼더니
다리만 찢어졌대나

단상

시에 대한 몇 가지 이야기

김초혜(시인)

*

시는 인간의 원형질이 아닐까 싶다. 인간 내면의 총체성을 표현해내는 것이기에 누구나 읽으면 감동이 우러나야 한다. 그렇기에 보편성과 특수성이 융합되지 않은 시는 독자들에게 가까이 다가갈 수 없다.

*

톨스토이는 200년 전에 벌써 자기가 왕이 된다면 뜻을 모르고 쓰는 시인의 권리를 박탈해 백 번 볼기를 치는 형벌에 처하는 법률을 만들겠다고 했다.

200년 전이나 지금이나 그런 글 협잡꾼들이 있었다는 것에 새삼 놀란다. 자기도 잘 모르고 남도 모르게 쓰는 시인, 그 시를 평론가 나으리들이 대단한 작품처럼 논하고, 무지한 독자들은 그것이 마치 빼어난 시인 줄 알고 무작정 박수를 보낸다.

그런 시를 억지 춘향이로 배우며 자란 학생들은 결국 제 나라 말도 제대로 구사하지 못하는 지적 불구자들이 된다. 학생뿐만 아니라 아나운서나 논평가, 그리고 국회의원 제위들이 TV에 나와서 구사하는 말들을 들으면 아연실색하지 않을 수 없다.

논리가 안 서는 말, 앞뒤 호응이 안 되는 말, 고저장단이 엉망인 말, 불필요한 단어들이 겹치고 엉겨붙는 말, 된발음이 숱하게 틀리는 말, 이런 행태가 갈수록 심해지는 현상을 보면서 암울함을 느낀다.

*

시는 시인의 가슴속에 고여 있는 눈물이다. 그 눈물에 전이된 독자가 많을수록 시인의 행복은 깊어지는 것이다. 시인은 인간의 희로애락과 오욕칠정을 보듬고 쓰다듬어 지어내는 사람이다.

*

시를 설명하는 것, 설명하라고 하는 것, 그것은 시인의 몫이 아니다. 읽는 사람들이 스스로 느끼고 깨달으면 되는 것이다. 열 번 읽어 해득되지 않은 문장은 없다는 명언이 있다. 시는 운율이 있는 문학이다. 읽고 읽고 또 읽으면 그 내재율이 살아나서 노래가 된다. 그 노래가 그 시를 완전 소화하는 경지에 다다를 것이다. 그때 느끼는 시의 멋, 그것이 시를 읽는 맛이다.

*

움베르토 에코는 영감에 쫓기면서 단숨에 썼다는 것은 거짓말이라고 했다. 나도 같은 생각이다. 굳이 에코를 들먹이는 것은 신빙성을 더하기 위해서다. 시에 들어 있는 사상과 철학과 명상과 깨달음에 이르는 노고 없이 어찌 단숨에 써지겠는가. 시는 시인의 사상이고 인격이고 얼굴이다. 만인에게 오래 읽히는 시의 생명력은 시인이 바친 인고의 결과다.

*

시는 꽃이다. 그 꽃을 피우는 것은 독자다. 독자가 없는 시는 영토가 없는 왕이라고 했던 젊은 날, 겸허하지 못했던 것이 못내 부끄럽다.

김초혜 金初惠

충북 청주 출생. 동국대 국문과 졸업.
1964년 『현대문학』으로 등단.
시집 『떠돌이 별』, 『사랑굿 1』, 『어머니』, 『사랑굿 2』, 『섬』, 『사랑굿 3』, 『세상살이』, 『그리운 집』, 『고요에 기대어』, 『사람이 그리워서』, 『멀고 먼 길』.
시선집 『떠도는 새』, 『빈 배로 가는 길』, 『편지』.
편지글 『행복이』, 『사람이』.
한국문학상, 한국시인협회상, 현대문학상, 정지용문학상, 유심작품상, 공초문학상 등 수상.

서정시학 시인선 191
만나러 가는 길

2022년 4월 25일 초판 1쇄 발행
2022년 5월 30일 초판 2쇄 발행

지 은 이 · 김초혜
펴 낸 이 · 최단아
편집교정 · 정우진
펴 낸 곳 · 도서출판 서정시학
인 쇄 소 · ㈜상지사
주　　소 · 서울시 서초구 서초중앙로 18, 504호 (서초쌍용플래티넘)
전　　화 · 02-928-7016
팩　　스 · 02-922-7017
이 메 일 · lyricpoetics@gmail.com
출판등록 · 209-91-66271
ISBN 979-11-88903-95-5 03810

계좌번호: 국민 070101-04-072847 최단아(서정시학)
값 13,000원

* 잘못된 책은 바꾸어 드립니다.

서정시학 시인선 목록

001	드므에 담긴 삽	강은교, 최동호
002	문열어라 하늘아	오세영
003	허무집	강은교
004	니르바나의 바다	박희진
005	뱀 잡는 여자	한혜영
006	새로운 취미	김종미
007	그림자들	김 참
008	공장은 안녕하다	표성배
009	어두워질 때까지	한미성
010	눈사람이 눈사람이 되는 동안	이태선
011	차가운 식사	박홍점
012	생일 꽃바구니	휘 민
013	노을이 흐르는 강	조은길
014	소금창고에서 날아가는 노고지리	이건청
015	근황	조항록
016	오늘부터의 숲	노춘기
017	끝이 없는 길	주종환
018	비밀요원	이성렬
019	웃는 나무	신미균
020	그녀들 비탈에 서다	이기와
021	청어의 저녁	김윤식
022	주먹이 운다	박순원
023	훔소리 여행	김길나
024	오래된 책	허현숙
025	별의 방목	한기팔
026	사람과 함께 이 길을 걸었네	이기철
027	모란으로 가는 길	성선경
029	동백, 몸이 열릴 때	장창영
030	불꽃 비단벌레	최동호
031	우리시대 51인의 젊은 시인들	김경주 외 50인
032	문턱	김혜영
033	명자꽃	홍성란
034	아주 잠깐	신덕룡
035	거북이와 산다	오문강
036	올레 끝	나기철
037	흐르는 말	임승빈
038	위대한 표본책	이승주
039	시인들 나라	나태주
040	노랑꼬리 연	황학주
041	메아리 학교	김만수
042	천상의 바람, 지상의 길	이승하
043	구름 사육사	이원도
044	노천 탁자의 기억	신원철
045	칸나의 저녁	손순미
046	악어야 저녁 먹으러 가자	배성희
047	물소리 천사	김성춘
048	물의 낯에 지문을 새기다	박완호
049	그리움 위하여	정삼조
050	샤또마고를 마시는 저녁	황명강
051	물어뜯을 수도 없는 숨소리	황봉구
052	듣고 싶었던 말	안경라
053	진경산수	성선경
054	등불소리	이채강

055	우리시대 젊은 시인들과 김달진문학상	이근화 외
056	햇살 마름질	김선호
057	모래알로 울다	서상만
058	고전적인 저녁	이지담
059	더 없이 평화로운 한때	신승철
060	봉평장날	이영춘
061	하늘사다리	안현심
062	유씨 목공소	권성훈
063	굴참나무 숲에서	이건청
064	마침표의 침묵	김완성
065	그 소식	홍윤숙
066	허공에 줄을 긋다	양균원
067	수지도를 읽다	김용권
068	케냐의 장미	한영수
069	하늘 불탱	최명길
070	파란 돛	장석남 외
071	숟가락 사원	김영식
072	행성의 아이들	김추인
073	낙동강 시집	이달희
074	오후의 지퍼들	배옥주
075	바다빛에 물들기	천향미
076	사랑하는 나그네 당신	한승원
077	나무수도원에서	한광구
078	순비기꽃	한기팔
079	벚나무 아래, 키스자국	조창환
080	사랑의 샘	박송희
081	술병들의 묘지	고명자
082	악, 꽁치 비린내	심성술
083	별박이자나방	문효치
084	부메랑	박태현
085	서울엔 별이 땅에서 뜬다	이대의
086	소리의 그물	박종해
087	바다로 간 진흙소	박호영
088	레이스 짜는 여자	서대선
089	누군가 잡았지 옷깃,	김정인
090	선인장 화분 속의 사랑	정주연
091	꽃들의 화장 시간	이기철
092	노래하는 사막	홍은택
093	불의 설법	이승하
094	덤불 설계도	정정례
095	영통의 기쁨	박희진
096	슬픔이 움직인다	강호정
097	자줏빛 얼굴 한 쪽	황명자
098	노자의 무덤을 가다	이영춘
099	나는 말하지 않으리	조동숙
100	닥터 존슨	신원철
101	루루를 위한 세레나데	김용화
102	골목을 나는 나비	박덕규
103	꽃보다 잎으로 남아	이순희
104	천국의 계단	이준관
105	연꽃무덤	안현심

106	종소리 저편	윤석훈
107	칭다오 잔교 위	조승래
108	둥근 집	박태현
109	뿌리도 가끔 날고 싶다	박일만
110	돌과 나비	이자규
111	적빈赤貧의 방학	김종호
112	뜨거운 달	차한수
113	나의 해바라기가 가고 싶은 곳	정영선
114	하늘 우체국	김수복
115	저녁의 내부	이서린
116	나무는 숲이 되고 싶다	이향아
117	잎사귀 오도송	최명길
118	이별 연습하는 시간	한승원
119	숲길 지나 가을	임승천
120	제비꽃 꽃잎 속	김명리
121	말의 알	박복조
122	파도가 바다에게	민용태
123	지구의 살점이 보이는 거리	김유섭
124	잃어버린 골목길	김구슬
125	자물통 속의 눈	이지담
126	다트와 주사위	송민규
127	하얀 목소리	한승헌
128	온유	김성춘
129	파랑은 어디서 왔나	성선경
130	곡마단 뒷마당엔 말이 한 마리 있었네	이건청
131	넘나드는 사잇길에서	황봉구
132	이상하고 아름다운	강재남
133	밤하늘이 시를 쓰다	김수복
134	멀고 먼 길	김초혜
135	어제의 나는 내가 아니라고	백 현
136	이 순간을 감싸며	박태현
137	초록방정식	이희섭
138	뿌리에 관한 비망록	손종호
139	물속 도시	손지안
140	외로움이 아깝다	김금분
141	그림자 지우기	김만복
142	The 빨강	배옥주
143	아무것도 아닌, 모든	변희수
144	상강 아침	안현심
145	불빛으로 집을 짓다	전숙경
146	나무 아래 시인	최명길
147	토네이토 딸기	조연향
148	바닷가 오월	정하해
149	파랑을 입다	강지희
150	숨은 벽	방민호
151	관심 밖의 시간	강신형
152	하노이 고양이	유승영
153	산산수수화화초초	이기철
154	닭에게 세 번 절하다	이정희
155	슬픔을 이기는 방법	최해춘
156	플로리안 카페에서 쓴 편지	한이나

157	너무 아픈 것은 나를 외면한다	이상호
158	따뜻한 편지	이영춘
159	기울지 않는 길	장재선
160	동양하숙	신원철
161	나는 구부정한 숫자예요	노승은
162	벽이 내게 등을 내주었다	홍영숙
163	바다, 모른다고 한다	문 영
164	향기로운 네 얼굴	배종환
165	시 속의 애인	금동원
166	고독의 다른 말	홍우식
167	풀잎을 위한 노래	이수산
168	어리신 어머니	나태주
169	돌속의 울음	서영택
170	햇볕 좋다	권이영
171	사랑이 돌아오는 시간	문현미
172	파미르를 베고 누워	김일태
173	사랑혀유, 강	김익두
174	있는 듯 없는 듯	박이도
175	너에게 잠을 부어주다	이지담
176	행마법	강세화
177	어느 봄바다 활동성 어류에 대한 보고서	조승래
178	터무니	유안진
179	길 위의 피아노	김성춘
180	이혼을 결심하는 저녁에는	정혜영
181	파도 닦는 아바이	박대성
182	고등어가 있는 풍경	한경용
183	0도의 사랑	김구슬
184	눈물을 조각하여 허공에 걸어 두다	신영조
185	미르테의 꽃, 슈만	이수영
186	망와의 귀면을 쓰고 오는 날들	이영란
187	속삭이는 바나나	지정애
188	더러, 사랑이기 전에	김판용
189	물빛 식탁	한이나
190	두 개의 거울	주한태